동물들과 노는 건
너무 즐거워!

앞장선 멋진 사람, 제인 구달을 만나 보도록 해요."

**좋은 책이 되도록 감수해 준 선생님**

**어린이를 하늘만큼 사랑하는 선생님** 김완기
한국아동문학회 중앙위원장, 한국아동문학회 수석부회장, 국제펜클럽·한국문인협회·한국저작권협회 회원입니다. 서울서래초등학교 교장으로 일했습니다. 서울신문 신춘문예에 당선되었고, 한국아동문학작가상, 한정동아동문학상, 대한민국동요대상을 받았습니다. 쓴 책으로 〈내 배꼽이 더 크단 말야〉, 〈엄마, 이게 행복인가 봐!〉, 〈마음을 따뜻하게 해 주는 101가지 이야기〉 등이 있습니다.

**어린이를 땅만큼 사랑하는 선생님** 이창수
한국문인협회 아동문학분과 회장, 한국아동문학회 부회장, 국제펜클럽 회원입니다. 어린이 책 출판사 편집장으로 일했습니다. 한국아동문예작품상, 한국아동문예상, 한국아동문학작가상, 김영일아동문학상을 받았습니다. 쓴 책으로 〈정수가 위험해〉, 〈우주여행〉, 〈공포의 진주 동굴〉, 〈따뜻한 남쪽 나라〉 등이 있습니다.

**어린이를 바다만큼 사랑하는 선생님** 김병규
소년한국일보 편집국장으로 일하고 있습니다. 한국일보 신춘문예, 중앙일보 신춘문예에 당선되었습니다. 대한민국문학상, 소천아동문학상, 해강아동문학상을 받았습니다. 쓴 책으로 〈희망을 파는 자동판매기〉, 〈나무는 왜 겨울에 옷을 벗는가〉, 〈요리사의 입맛〉, 〈그림 속의 파란 단추〉, 〈아침에 부르는 자장가〉 등이 있습니다.

**멋진 글을 쓴 선생님** 김현태
원광대학교 법학과를 졸업했습니다. 2000년 한국일보 신춘문예에 당선된 뒤, 글을 쓰기 시작했습니다. 쓴 책으로 〈어린이를 위한 시크릿〉, 〈엄마가 사랑하는 책벌레〉, 〈짬짬이 독서〉, 〈긍정의 씨앗〉, 〈행복한 사과나무 동화〉, 〈워런버핏 경제학교〉 등이 있습니다.

**예쁜 그림을 그린 선생님** 이오
홍익대학교 판화과를 졸업하였습니다. '그림 그리는 마을' 회원입니다. 현재 프리랜서 일러스트레이터로 활동하고 있습니다. 그린 책으로 〈행복한 나그네 매표소〉, 〈딸과 함께 떠나는 건축 여행〉, 〈은혜 갚은 두꺼비〉, 〈빵떡 모자 아저씨〉, 〈그리스 로마 신화〉, 〈노인과 바다〉, 〈숨 쉬는 그릇 옹기〉, 〈백두산 천지 전설〉, 〈물의 순환〉, 〈나쁜 엄마〉, 〈엄마와 딸〉, 〈사춘기〉, 〈심청전〉 등이 있습니다.

**사랑과 봉사 16**
## 침팬지의 친구 제인 구달

총기획 및 발행인 박연환 | 발행처 한국톨스토이
출판신고 제406-2008-000061호
본사 경기도 파주시 교하읍 문발리 513-1 출판문화정보단지
대표전화 (02)475-2772 | 팩스 (02)475-2552
연구개발원 경기도 성남시 분당구 금곡동 444-148
대표전화 (031)715-8228 | 팩스 (031)786-1001
고객 문의 080-470-7722

기획·디자인 김현정, 이은선 | 교정 정은교, 김희정, 이영혜, 김지균, 이승희, 윤정민
ⓒ Korea Tolstoi

이 책의 저작권은 한국톨스토이에 있습니다. 본사의 동의나 허락 없이는 어떠한 방법으로도 내용이나 그림을 사용할 수 없습니다.

⚠ 주의 : 본 교재를 던지거나 떨어뜨리면 다칠 우려가 있으니 주의하십시오.
고온 다습한 장소나 직사광선이 닿는 장소에는 보관을 피해 주십시오.

16

침팬지의 친구
# 제인 구달

글 김현태  그림 이오

통큰 인물이야기

한국톨스토이

한 소년이 강아지를 발로 차려고 했어요.
"저리 가, 나는 너 싫어!"
"얘야, 강아지를 미워하지 마.
동물은 우리들의 친구야."
옆에 있던 할머니가 말했어요.

"할머니는 누구세요?"
"나는 제인 구달이란다.
평생 동안 동물을 사랑했지."
"동물을 사랑했다고요?"
"그래, 내 얘기 좀 들어 볼래?"

어느 날, 아빠가 내게 말했어.
"동물이 그렇게 좋으면 이다음에 커서
동물학자가 되는 게 어때?"
"동물학자요? 그게 뭐예요?"
"동물을 연구하고 잘살 수 있는
환경을 만들어 주는 사람이지."
아빠의 말에 나는 동물과
평생 함께하기로 마음먹었지.

스물세 살에 나는 아프리카에 갈 기회가 생겼어.
케냐에 있는 내 친구가 편지를 보냈거든.

「우리 가족이 케냐의 농장으로 이사를 왔단다.
농장에 한번 놀러 오지 않을래?」

나는 편지를 읽고 너무 기뻤어.
그래서 열심히 일해서 돈을 마련하여
비행기를 타고 날아갔어.

아프리카에 도착한 나는 눈이 휘둥그레졌어.
"우아, 책으로만 보던 기린이 있구나!"
코끼리랑 못 보던 동물들이 많네."
나는 모든 것이 신기하고 놀라웠어.
초원에 내려앉은 저녁노을까지도.

살금살금~.

농장에서 지내는 동안 나는 아프리카에 푹 빠졌단다.
계속 아프리카에 살면서 동물을 연구하고 싶었지.
그래서 사람들에게 물어보았더니
루이스 리키 박사님을 찾아가라고 했어.
박사님은 동물 화석도 연구하고,
동물을 관찰하는 학자였지.

동물을 연구하는 사람이 어디 있는지 아는 사람 없나요?

루이스 리키 박사는 동물과 인간의 조상에 대해 연구하는 사람이었어요.

나는 루이스 리키 박사님을 찾아갔어.
"박사님 옆에서 일하고 싶어요."
"좋소. 동물을 정말 사랑하는 것 같으니 내 일을 도와주시오."

"일을 참 열심히 하는군."

나는 박사님과 일하면서 많은 것을 배웠어.
"오늘은 동물 화석을 찾으러 갑시다.
캐낸 화석을 연구실로 옮겨 주시오."
일은 힘들었지만 무척 즐거웠지.
나는 이제 살아 있는 동물을 직접 보며
연구하고 싶었어.

어느 날, 박사님이 깜짝 놀랄 말을 했어.
"숲 속에 살면서 침팬지를 연구해 보지 않겠소?"
나는 기뻐서 폴짝폴짝 뛰었어.
침팬지가 어떻게 사는지,
무엇을 좋아하는지도 연구하고 싶었거든.
"그래, 침팬지와 친구가 되자!"

드디어 침팬지가 산다는 곰베 숲에 도착했어.
나는 침팬지를 만나려고 나무에 오르기도 하고,
산을 넘고, 강을 건너기도 했어.
똑같은 옷을 입고 한자리에 앉아
하루 종일 침팬지를
기다리기도 했지.

**통통알림장**
곰베 숲은 아프리카 탄자니아에 있는 숲으로, 다양한 동물들이 살고 있는 곳이에요.

겨우 침팬지를 만나 조심조심 다가갔지만,
침팬지는 팔을 휘두르며 공격했어.
나는 너무 무서워서 도망쳤지.

"여기서 포기할 수 없어. 침팬지랑 친구가 될 거야."
이튿날, 나는 또 조심조심 침팬지에게 다가갔어.
다음날도 그 다음날도 계속 침팬지를 찾아갔지.
"침팬지야, 이 바나나 좀 먹으렴."
내가 적이 아니라는 걸 침팬지도 알아차렸는지
우리는 드디어 친구가 되었단다.

나는 침팬지와 함께 지내며
열심히 관찰하고 연구했어.
침팬지가 먹는 열매를 조사하기도 하고,
똥까지도 잘 살펴보았지.

어디! 보자.

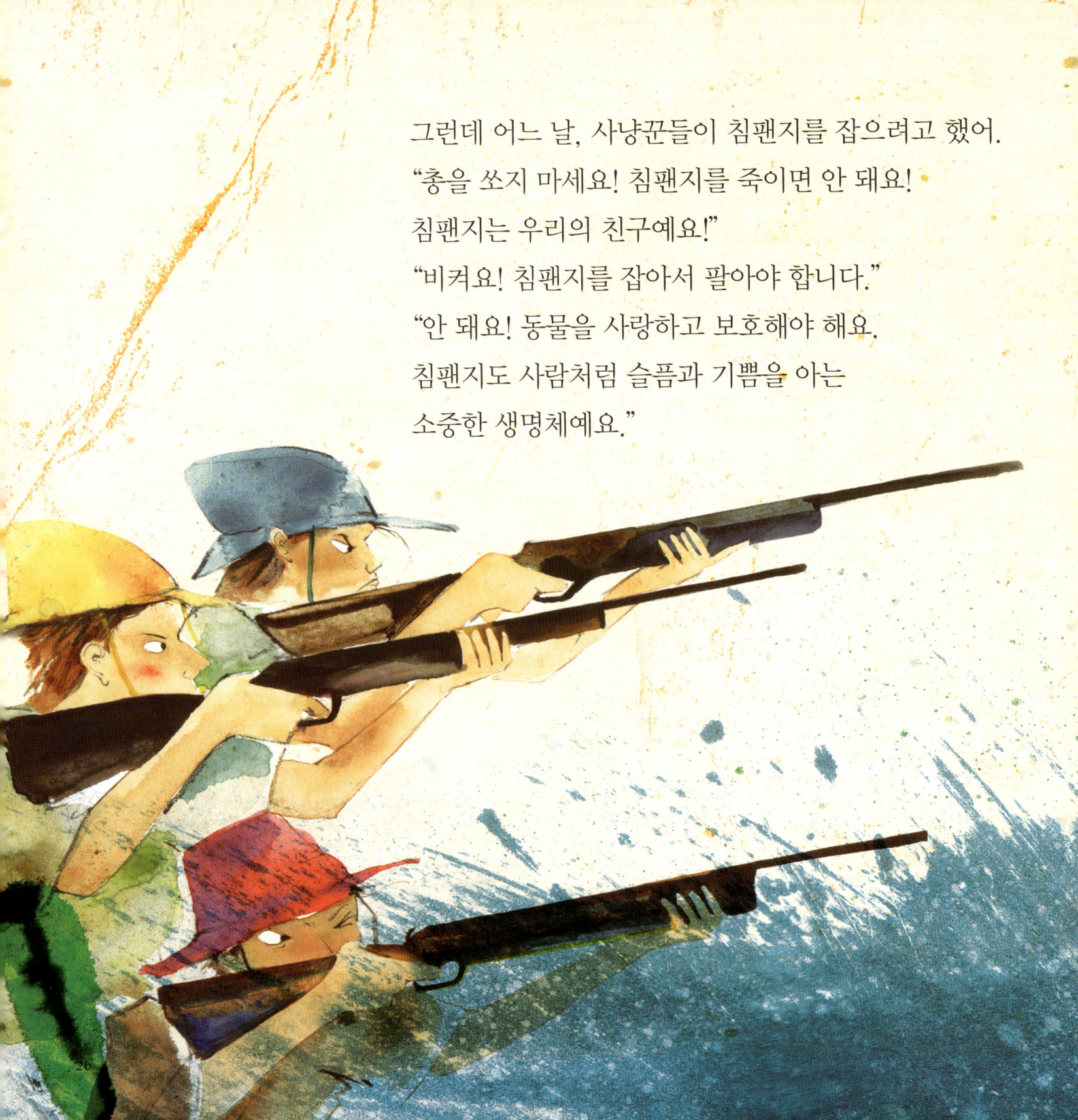

그런데 어느 날, 사냥꾼들이 침팬지를 잡으려고 했어.
"총을 쏘지 마세요! 침팬지를 죽이면 안 돼요!
침팬지는 우리의 친구예요!"
"비켜요! 침팬지를 잡아서 팔아야 합니다."
"안 돼요! 동물을 사랑하고 보호해야 해요.
침팬지도 사람처럼 슬픔과 기쁨을 아는
소중한 생명체예요."

사냥꾼이 물러난 뒤, 나는 침팬지를 꼭 안아 주었어.
"침팬지야, 많이 놀랐지? 내가 널 지켜 줄게.
사람들을 대신해서 너한테 사과할게. 미안해."
나는 사람들이 동물을 보호할 수 있도록
앞장서기로 마음먹었어.

"동물을 보호합시다!
동물은 우리의 친구입니다!"
나는 세계 곳곳을 돌아다니며
동물을 사랑해야 한다고 외쳤어.
또 환경도 보호해야 한다고 말했지.
나는 이렇게 동물을 위해
평생을 살았단다.

제인 구달 할머니의 이야기를 듣고 난
소년은 강아지를 쓰다듬었어요.
"이제 저도 동물을 사랑할 거예요.
강아지야, 미안해. 앞으로는 예뻐해 줄게."
"그래, 앞으로도 계속 동물을 보살펴 주기 바란다."
"네! 동물은 우리 친구예요!"

**통통알림장**

제인 구달은 세계 여러 나라를 돌아다니며 동물 보호 강연을 하고, 환경 운동을 했어요. 또 침팬지에 대해 연구한 것을 책으로 펴냈지요.

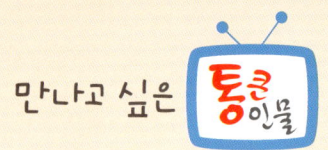

만나고 싶은 통큰인물

제인 구달은 영국의 동물학자예요. 어릴 때부터 동물에 관심이 많았고, 친구의 초대로 간 아프리카에서 유명한 고생물학자를 만났어요. 그 뒤부터 자연 속에서 야생 침팬지를 연구했지요. 제인 구달은 침팬지와 다른 야생 동물들을 보호해야 한다는 것을 책과 강연을 통해 세계에 널리 알렸어요. 특히 실험용 침팬지의 비참한 현실에 충격을 받아 더욱 동물 보호 운동을 열심히 했지요. 또 환경 운동 단체도 만들었으며, 우리나라에도 방문해 강연을 했답니다.

# 제인 구달
## Jane Goodal : 1934년~현재

▲ 어릴 적부터 동물들을 좋아했던 제인 구달

▲ 침팬지에서 시작된 자연 사랑을 '지구와 생명'이라는 큰 사랑으로 발전시킨 제인 구달

1965년
영국 케임브리지 대학에서 동물 행동학 박사 학위를 받았어요. 미국 내셔널 지오그래픽 '야생 침팬지의 사생활'에 의해 세상에 처음으로 알려지기 시작했어요.

유럽 공동체(EC)가 세워졌어요.(1967년)

1977년
야생 동물의 연구, 교육, 보호를 위한 '제인 구달 연구소'를 미국에 세웠어요.

1957년
아프리카에서 루이스 리키 박사와 동물 연구를 시작했어요.

1983년
야생 침팬지에 대한 연구서 〈인간의 그늘 밑에서〉를 발표했어요.

▼ 어린 시절의 제인 구달

1986년
야생 침팬지에 대한 연구서를 발표했어요.

6·25 전쟁(한국 전쟁)이 일어났어요.(1950년)

제2차 세계 대전이 일어났어요.(1939년)

제24회 올림픽 대회가 열렸어요.(1988년)

1934년
영국 런던에서 태어났어요.

독일이 통일되었어요.(1990년)

영국
런던

제인 구달이 태어난 곳

1991년
환경과 미래를 생각하는 모임인 '뿌리와 새싹'을 만들었어요.

**닮고 싶어요**

나는 침팬지와 친구가 되기 위해 오랫동안 지켜보았어. 드디어 내가 내민 손을 침팬지가 잡았을 때는 얼마나 기뻤는지 몰라. 친구를 사귀고 싶다면 내가 상대방을 좋아한다는 걸 마음으로 보여 줘야 해. 따뜻하게 안아 주고, 웃어 주고, 힘들고 아플 때는 옆에서 도와줘야 해. 그러면 너희들도 좋은 친구를 사귈 수 있을 거야. 또 내가 먼저 마음을 열고 친구에게 다가가는 것도 잊지 마.

1995년
엘리자베스 여왕으로부터 대영 제국 작위를 받았어요. 내셔널 지오그래픽 소사이어티 허바드상을 받았어요.

2002 FIFA 월드컵이 한국과 일본에서 열렸어요.(2002년)

2002년
유엔 '평화의 대사'로 활동했어요.

▲ 병든 침팬지를 돌보는 제인 구달  ▲ 침팬지들을 보살피는 제인 구달

## 나도 퉁큰인물 될래요

### 동물을 사랑하자!

말을 못 하는 동물이라고 해서 때리거나 함부로 대하면 안 돼요.
동물도 사람처럼 감정이 있어요. 자기를 때리고 함부로 대하면
기분이 나빠져서 공격을 할 수도 있어요. 그렇지만 자기를
예뻐해 주고 사랑해 주면 기분이 좋아져서 사람을 잘 따르지요.
동물은 우리들의 친구니까요. 여러분도 동물들과 친하게
지내도록 하세요.

너 나랑 친구할래?

저기! 무리지어 앉아 있는 침팬지들이
보여! 한번 가까이 다가가 볼까?

으악! 가까이 다가가니! 침팬지들이
화났나 봐. 막 소리도 질러!

어떻게 해야 침팬지 너와 친구가 될 수 있을까?
내 눈을 봐. 난 너를 좋아해!

자! 내 손을 잡아 봐.
난 너와 친구가 되고 싶어!

너와 나는 이제 친구야!
앞으로는 내가 너를 지켜 줄게.

### 뿌리와 새싹 운동

제인 구달은 침팬지를 연구하면서 자연의 소중함을 깨닫고, 자연을 아끼고 보호하자는 운동을 하는 '뿌리와 새싹 운동'을 벌였어요. 뿌리와 새싹 모임은 세계 여러 나라에 널리 퍼져 많은 사람들이 회원으로 가입해 있답니다. 뿌리와 새싹 모임에서는 회원들이 자기가 사는 주변 환경부터 가꾸어 나가고, 사람과 동물, 식물이 다 함께 지구에서 행복하게 살아갈 수 있도록 서로 이야기한답니다.

 키우기

- 제인 구달은 어떻게 해서 아프리카에 가게 되었나요?
- 제인 구달은 동물을 사랑했고, 그중에서도 침팬지를 가장 좋아해 연구하기 시작했어요. 여러분은 어떤 동물을 좋아하나요? 또 그 이유는 무엇인가요?